D. 5975.

Théol. n°. 443.
T. 1. p. 327.

AF724587

Macfarlane 194
Moreau I, p. 300, n° 194 : c. 1508

D.
1928.

17401.

1214

Le vergier Celeste.

BIBLIOTHECE REGIE

te gloriosus apostolorū
te prophetarū laudabilis
te per orbē terrarū
te martirū candidatus
Te deum laudamus
te eternū patrem oīs

Cy commence le vergier celeste fait & compose p maniere dune familiere collocution de lame deuote espouse de nostre saulueur iesuchrist parlant feablement a son doulx espoux iesus lequel fut fait a la requeste dune deuote et reuerēde abbesse de lordre de cysteaux pour la cōsolacion des espouses iesuchrist.

BIBLIOTHÈQUE IMPÉRIALE IMPR.

Comment on se doit muer et conuertir en dieu.

Ja soit ce que la personne deuote par linspiracion du saint esperit ait relenqui & renoncie au monde et a toutes ses vanitez pour lamour de dieu / et ne luy soit plus riens des bobans et delices mondaines / toutessoys ne suffist pas si non quelle tende a plus grande perfection / cest a se renoncier soy mesmes. Car cōme dit saint gregoire Chose facile est a renoncer a toutes choses tēporelles mais a soy mesmes renoncier est chose moult difficille. Et vng autre saige dit que plus fort est celluy qui domine a son couraige que celluy qui vainct & expugne le citez. Et pource apres la victoire du mõde obtenue fault tirer oultre et cõmencer contre soy bataille en se mortifiãt et toutes ses passions ⁊ concupiscences/qui est destruyre et adnichiller nostre vieil homme et despouiller nostre vieille peau et vestir le nouuel hõme qui selon dieu est cree en renouacion desperit et de toute saincte vie/en se resignant pour lamour de dieu/ et soubzmettant du tout a son prelat/et se rendant prompt ⁊ appareille de acomplir voulentairement tous ses cõmandemens: pose q̃ de prime face semblassent desraisonnables/mais que toutesfois ne feussent appertement cõtre les cõmandemens de dieu/ ⁊ estudier de tout son effort a subiuguer ⁊ mortifier toutes ses voulentez et passions interiores : comme orgueil/vaine gloire/enuye/yre/ranqueur et autres semblables: et en leur lieu planter humilite/amour/doulceur/ clemence ⁊ mansuetude/et paciemment endurer toutes aduersitez telles q̃ dieu les permet. Et de tout rendre graces: soit de prosperitez ou de aduersitez telles que a dieu plaist les enuoyer. Viure en paix et transquillite/par tout bien faire au mieulx que on peut/estre prest de faire plaisir a chascun. Et generalement de fuyr les pechez ⁊ suyuir les vertus/par lesquelles lame deuote est vrayement faicte de dieu espouse. Et neantmoins souuentesfoys aduient que apres que dieu a donne moult de grace et de ferueur de deuocion a lame deuote. Il se retire soubdainement toute icelle grace et ferueur comme sil se vouloit departir. Et ce pour esprouuer la loyaulte de son espouse se elle est aussi loyalle loing que pres. Aussi pour donner experiment de ce que besoingne grace en la creature qui le congnoist mieulx apres son departement que durant quelle y est. Aussi pour de rechief la cherchier/querir et desirer plus feruentement. Et apres que on la trouuee de la bien garder. Et pource ne se doit on desconforter/mais auoir esperance que celle tant doulce grace retournera quant a dieu plaira. Et doit on prier dieu et se humilier en disant. O mon doulx espoux iesus bien scay que par ma faulte et negligence vous estes party de moy vostre poure et dolente espouse. Et a ma voulente que ie sceusse la faulte affin de lamender et estre vne autre fois mieulx aduisee/toutesfoys ie doubte plus que autrement que ce a fait orgueil vostre ennemy qui ainsi vous a de moy chasse/car cueur humble ne scauriez vous habandonner. Reuenez sire reuenez se il vous plaist a vostre poure ancelle. Ja ya vng

iour ou deux que neuz de vous nouuelles. Re-
tournez sire/et desormais seray mieulx adui-
see de ne receuoir ce vilain orgueil ne autre cho
se qui vous desplaise. M A vostre departement
sire mest trop mal aduenu/car depuis nay re-
ceu quelcōque sentement espirituel dont mon
cueur ait este allume ne eschauffe en vous ain
si que auoye acoustume dont ie suis en grant
ennuy/et ne puis prendre plaisance en chose q̃
ie voye. Tout me tourne en armetume/tout
me tourne en desplaisir. O qui me despouille-
ra de ce miserable corps qui retiēt mon ame cy
ius/ie vouldroye que ce fust maintenāt a faire
affin q̃ ie peusse estre tousiours auecq̃s vous
en gloire la sus/car la vo9 auroye tout a mon
plaisir et seroye asseuree de vous posseder con
tinuellement sans iamais departir. Mais tāt
que ie soye en ce siecle plain de misere ie ne vo9
puis auoir fors que a la foys vng bien petit et
a grant dangier. Et aucuneffois quāt ie vous
cuyde le mieulx tenir vous en departez si soub-
dainement que cest grāt merueilles et me lais
sez toute desolee de paour que ce ne soit p ma
coulpe & desserte/et ne faiz que gemir & plorer
Et tout mon soulas est de me complaindre et
lamenter pour rappaiser mon cueur en atten-

dant vostre doulce reuenue. Par telles manieres et contẽplacions on retire aucuneffois son doulx espoux iesus. Aucuneffoys par reueler sa desolacion a son superior ou a son cõfesseur qui sur ce dõne conseil cõment on en doit faire Aucuneffoys par receuoir le precieux corps de nostre seignr̃ iesuchrist et par plusieurs autres manieres dont chascun a sa propre experiẽce.

Comment lame deuote religieuse se maintient quant elle se doubte q̃lle ne soit cause de lallongnement de son doulx espoux iesus.

DE vne parolle secrette vous vueil ie parler mon tresdoulx espoux le tresdesire de mon cueur / Sil est ainsi que ie me soye aucuneffoys esparse et eslongnee de vous par pensees volaiges et inutiles petitement afferans a ma profession / et mal seans a lespouse de iesuchrist / dont ie pourroye auoir grandement mespris et offense vostre dignite et estre cause de vostre eslongnemẽt. Je vous prie treshumblemẽt mon doulx loyal espoux ny vueillez point de si pres prendre garde / ains le me vueillez doulcement pardonner

par vostre saincte grace/ et me vueillez amia-
blement receuoir en icelle premiere charite et
dilection en laquelle a vostre doulce inspiraciō
et salutaire vocacion ie delaisse premierement
le monde et vous suyui comme loyalle espouse
au desert de penitence la ou vous mauez ame-
nee selon vostre sainct plaisir pour viure plus
purement et pour mieulx vous seruir a vostre
gre et a vostre plaisir / auquel lieu mon doulx
et loyal espoux ne m vueillez pas relenquir ie
vous supplie/ains me vueillez par vostre sain
te grace amiablement visiter/conforter et con
soler comme vous voyez que ie en ay grant
necessite et que lauez promis par le prophete
ozee en disant ie meneray mon espouse en soli-
tude et parleray a elle cueur a cueur. Et aussi
mon doulx espoux iesus vous souuiēgne de cel
le doulce et amiable parolle que vous distes p
Hieremie le prophete en disant. Jay compas-
sion de toy ayant memoire de ton adolescence et
desponsation quant tu me suyuis au desert ou
tu souffriz moult de mesaises / si te pardonne
tes ignorāces et te relieue de tes iniquitez. En
celle cōfiance mon doulx espoux iesus ie vous
prie que me pardonnez toutes mes offenses et

ignorãces/et me vueillez par vostre sainte gra
ce souuent visiter ou autremẽt ie ne pourroye
durer/car vous estes tout le confort et conso=
laciõ de mon cueur/pasture/nourriture et sub
stentation de mon ame. O mon doulx espoux
iesus cõment pourray ie scauoir ne auoir con=
gnoissance quant vostre plaisir sera de me vi=
siter/moy poure et indigne que ie suis de vos=
tre visitacion qui toutesfoys mest tant neces=
saire et tant aggreable/tant ioyeuse et tant cõ
solatiue et ou gist toute ma refection. A quoy
men pourray ie apparceuoir. Larmes et soup=
pirs en sont ce les messaiges et les enseigues
mon doulx espoux/sil est ainsi cest vne nouuel
le significacion et petitemẽt congneue fors de
celluy qui la recoit. Quelle conuencion ne com
paraison y a il de ioye a souppirs/ou de liesse a
larmes/voire se on les peut larmes appeller ⁊
non plus tost superhabondant grace de diui=
ne influence arrousant lame de doulce vnctiõ
et enluminant de diuine lumiere qui chasse du
cueur les tenebres dignorance ⁊ remplist lame
de ioyeuse liesse si abondamment quelle en de
partist a son corps vne doulce liqueur deuote ⁊
amiable dont la saincte espouse est toute refec
tiõnee dune refection plaisant et salutaire qui

la repaist/renouuelle ꝛ trãsmue en ung nouuel desir des choses celestielles. O mõ doulx espoux iesus se cest si doulce chose en ceste vallee plaine de misere de plorer pour vo⁹/q̃ sera ce lasus en gloire diuine de se esiouyr en vous/ que me sera ce en la vie eternelle la ou ie ioyray de vo⁹ plainement/quant en ceste vie presẽte une seule goutelette de vostre doulceur me rẽplist/embrase ꝛ renouuelle en vostre amour toutes les foys quil vous plaist a me visiter. Il me semble mõ doulx espoux se ie losoye dire sauue toute reuerence et toute bonne humilite que se ie pouoye aussi bien continuellement estre auecques vous que vous series auecques moy se il vous plaisoit ie vous tiẽdroye trop mieulx cõpaignie q̃ ne faictes a moy/toutesfoys ie pense bien q̃ vous le faictes pour mon plus grant bien et plus grant prouffit/a fin que ie ne preigne plaisance de demourer en ce monde plain de misere/et que tousiours aye desir daller auecques vous la sus/ et que ie y adresse tout mon cueur et toute mon affection et pensee en regardant doulcement vostre misericorde par laquelle vous plaira me faire grace en me tirant hors de ce monde auquel ie suis retenue en la prison de mon corps/ car mon desir est de

aller la sus auec vous. Vous me donnez aucu
nesfoys a vous sentir affin de me attraire et a
lechier et q̃ iaye cõgnoissance de vostre venue
mais soubdainement vous departez affin de
me inciter de courir apres vous en la doulce et
souefue odeur que iay de vous sentye. Et ainsi
doulcemẽt attrayez voꝰ lamour de mon cueur
a vous/et toute mon affection hors des choses
terriennes et esleuez ma pensee es choses celes
tielles/et embrasez mon desir daller tousiours
la sus auec vous comme se vous disies. Vien
mon espouse viẽ ten apres moy/ie ne te veulx
pas tousiours laisser ne habandonner cy bas/
vien auec moy par deuote meditacion es deli=
ces celestielles la ou sera ta mansion. Ta con/
uersacion doit estre es cieulx q̃ as esleu espoux
es cieulx et me suy en lodeur de mes oignemẽs

Comment lame deuote religieuse esliewe sa pensee aux ioyes celestielles

Mon doulx espoux iesus ie suis cõ
me celle qui est enclose en vne char
tre obscure plaine de tenebres qui
regarde parmy vne creuasse de la porte ainsi
que de loig vng moult beau vergier tout plain

de fleurs qui moult bien luy plaist/et la veoit elle moult voulentiers et si ny peut aller dont moult luy desplaist. Et iacoit que la veue de ce beau vergier luy renouuelle sa tristesse de ce quelle est ainsi enclose/si le voit elle voulẽtiers et ya tousiours son regard. Ainsi est il de moy mon doulx espoux iesus. Je suis enclose en ceste chartre obscure de mõ corps et voy ainsi que de loig par les yeulx de mon cueur ce glorieux vergier de paradis celeste qui moult me plaist mais helas ie ny puis aller si tost que ie vouldroye dont me desplaist. Et iacoit ce que la congnoissance que ien ay me dõne cause de tristesse pource que ainsi suis enclose en ceste chartre Toutesfois si mest ce vng grant plaisir de le veoir et y auoir tousiours mon regard interine par deuote contemplacion/car la ay ie tousiours quelque nouuelle de vous mon doulx espoux iesus qui mest vng grant plaisir pour me consoler en lieu de ce que ie ne vous puis mye auoir selon ma voulente toutes les fois que ie vouldroye.

Comment lame deuote prent plaisance a cõsiderer les neuf ordres des anges.

E mest grande consolacion de considerer en ce glorieux vergier celeste ces belles fleurs/cestassauoir les neuf ordres des anges que auez creez a la louenge et manifestacion de vostre saint nom qui sont les roses et les lys/fleurs et vyolettes odorantes de paradis dont moult noblement et moult plaisamment vous adornastes vostre temple celestiel au iour que vous le creastes q sont diuisez en trois ierarchies/ en la premiere sont les anges archanges et vertus/en la deuxiesme les puissãces/les princes et les dominacions. En la troisiesme les throsnes/ les cherubins et les seraphins.

Les anges

Es premiers de la premiere ierarchie sont les anges qui sont les ministres et messaigiers/lesquelz de vostre begnine grace vous enuoyez en bas pour nous conforter/consoler et manifester vostre digne plaisir et voulente en nous gardant et deffendant des ennemys et nous inspirant et amonnestant a bien faire/võt et viennent entre nous cõme les mouschettes a myel entre les fleurs desirans tousiours a ouyr quelque bõnes nouuelles de nous. Et moult sesiouyssent quant vous faisõs aucun devot service. Quãt nous chantons ilz sont entre nous / quant nous ly=sons / prions ou meditons tousiours sont avec nous. Quãt nous reposõs ilz sont dessus no⁹ ⁊ nous gardent. Quãt nous ieusnons ou labourons ilz nous consolent / aydent et confortent portent lassus et vous presentent les bonnes odeurs de noz oraisons / ieusnes / bonnes opera=cions / larmes / souspirs / regretz et devotes entencions. Et vous saluent de par nous ⁊ no⁹ apportent de vous ioyeuses nouvelles ⁊ doul=ces salutacions :

Les archanges.

Mon doulx espoux iesus moult bien appert vostre grande magnificence / et monstrez bien la grant amour que vo⁹ avez a nous quant vous nous portez en si grant honneur que vous avez ce glorieux ordre des archanges ordonne a nous garder q̃ ne sommes que pouldre et cendre / et les avez constituez sur les royaulmes comme saiges et puissans pour les bien gouverner et tenir en paix. Entre lesquelz nous avons congnoissan=ce de saint michel le noble et vaillant capitai=ne du ciel qui iadis obtint victoire du dragon denfer qui est adorne de voz glorieuses armes portât la croix de propugnation comme espee batilleresse pour nous deffendre contre noz ennemys.

Les vertus

Vertu souueraine par dessus toutes vertus / mon doulx espoux iesus moult apparez estre glorieux et de tresgrât puissance en cestuy glorieux ordre de vertus quant en eulx et par eulx vous faictes voz vertueuses operacions et glorieux miracles qui sont oeuures excellentes par dessus tout le cours de nature dôt tout le siecle vous rend louẽges / graces et benedictiôs en sesmerueillant et disant. Dieu est tout puissât et fait quanquil luy plaist en ciel / en terre et en mer. Gloire / honneur et louenge soit a luy rendue. Amen.

Les puissances

Puissance excellente dessus toutes puissances mon doulx espoux iesus duquel vient et procede toute la puissance de ce glorieux ordre / esquelz et par lesqlz vous reprimez et destruisez toute la puissance du prince de tenebres quil ne nous puisse nuyre ne trauailler de têptacions tant côe il vouldroit a nostre perdicion.

¶ Les princes

O Noblesse souueraine et honneur de tous princes mon doulx espoux iesus. Par vous cestuy glorieux ordre des princes a principaulte et seigneurie sur la cheualerie du ciel/car en eulx estes et habitez et en eulx et p̄ eulx faictes aux inferieurs ordres scauoir et acomplir vostre voulente et saint plaisir.

¶ Les dominacions.

O Dominateur et trespuissant seigneur du ciel & de la terre mõ doulx espoux iesus. Bien et voulentiers vous deuõs louer/benyr et regracier quant cestuy glorieux ordre des dominacions sont tous ioyeux et tresdesirans de vous aorer/craindre/louer et honnorer/et ont continuellement leur regard et leur entendemẽt en vous fische.

¶ Les throsnes.

O Roy des roys et iuge de tous iuges mõ doulx espoux iesus. Quelle chose vous pouõs nous retribuer pour la grant amour que auez a nous et le grãt hõneur que vous nous portez/en ce que vous qui estes la sapience diuine et auez vostre siege en

cestuy glorieux ordre des throsnes qui sont sie
ge trespaisible et de souueraine transquilite/q̃
par vous discernent les secretz de verite ⁊ sõt
les iugemens de equite ⁊ de droicture. Il vous
plaist aussi auoir vostre siege es cueurs de no⁹
voz poures et indignes seruiteurs.

¶ Les cherubins.

Diuine lumiere et beaulte de tou-
tes beaultez et sur toutes beaultez
mon doulx espoux iesus qui espan-
dez les rays des tresors de vostre diuine sapien
ce en ce noble et tresexcellent ordre des cheru-
bins dont ilz reluysent de beaulte et de plantu
reuse science/et par eulx enluminez les lam-
pes de vostre celestiel tabernacle susceptibles
de diuine lumiere qui sempiternellement luy-
sent deuant vous dont toute la court de para-
dis est enluminee. Vueillez aussi enluminer
noz cueurs de diuine lumiere que nous vous
puissons cõgnoistre selon nostre capacite ⁊ au
tant quil nous appartient et q̃ cest vostre saint
plaisir affin que nous encores habitans en ce
siecle puissons en aucune maniere correspon-
dre ⁊ nous conformer a ceulx qui sont habitãs
en la gloire lassus. En icy faisant vostre sain-
cte voulente et plaisir et vous rendant graces

BIBLIOTHEQUE IMPERIALE IMPR.

et louenges continuellement comme ilz sont lassus eternellement.

Les seraphins.

ruisseau de delices / fōtaine franche et vive / amour amoureuse / pensee enyvrant mon doulx espoux iesus comment pourroye ie retenir mon cueur quil ne vous aymast quant ie considere lexcellence et haultesse de vostre maieste et q̄ vous qui auez ce saint et sacre ordre des sera= phins remply du feu de vostre tant delicate et souefue amour dōt ilz sont si embrasez que de leur superfluence en espandēt et esparsent sur toꝰ les autres ordres des esperitz celestielz tant largemēt que de leur plantureusete nous qui ne sommes que poures vermisseaulx en gous tōs aucuneffois selon que a vostre saincte gra ce et voulente plaist nous en departir. Et com me le soleil fait la rosee ainsi vous plaist reti= rer et attraire a vous noz cueurs tellement q̄ voz delices sont destre auec nous. Et qui som= mes nous mō doulx espoux iesus qui sommes nous qui auez ainsi mys vostre cueur en noꝰ. De nous ne sommes riens que vers / cendre et remplys de mysere et assez moins que riens Et sil ya aucun bien en nous tout vient de voꝰ

et de vostre saincte grace. Comment doncques
pourroye ie aymer autre chose que vous quant
vous mauez monstre tant damour et mauez
faicte et cree a vostre ymaige et suis embellie
de vostre semblance/espouse de foy/doee despe
rit/rachaptee de vostre precieux sang/aornee
de vertus/deputee auec les anges/receuable
de beatitude/participante de la gloire eternel
le/et disposee a estre cytoienne de la glorieuse
cite dont les anges sont cytoiens. Et mauez de
vostre saincte grace quise et cherchee auant q̄
ie vous quisse/et aymee auant que ie vous ay
masse. Et estes principalement la cause de la=
mour dont ie vous ayme/car vostre amour a
excite et attrait la mienne a soy/vous estes mō
merite/voꝰ estes mon loyer/voꝰ estes le fruict
que ie desire/vous estes la fin a quoy ie tens:
O mō doulx espoux ie nendure ne nose mie plai
nement ramenteuoir tous les benefices que
mauez fais de vostre saincte grace et faictes
continuellement de paour que mon cueur ne
deffaille en la consideracion de vostre haultes=
se et en la condicion de ma petitesse et de lexces
siue amour que vous auez a si peu de chose que
ie suis. Et auez laisse tant maintes plus no=
bles/tant maintes plus puissantes/tāt main=

tes plus suffisantes que ie ne suis au gouffre de perdicion et voye de damnacion eternelle dōt vous mauez par vostre grace rescousse et gardee et mauez amenee a ceste saincte religion et fait de moy vostre espouse poure et indigne q̄ ien suis. O mon doulx espoux iesus quelle chose vous pourray ie retribuer pour tant de si nobles et si grans benefices/quelles graces et q̄lles louenges o vous pourroye ie dire. mesmement/car se iauoye toute la science de ces glorieux anges si ne scauroie ie ne pourroye vous rendre dignes graces ne louenges au regard de la grant amour que vous auez a moy et des grans benefices que vous mauez fais. Car en ce que mauez cree a vostre ymaige et semblance a vous ie me doy toute/et en ce q̄ de vostre precieux sang mauez rachaptee et auez liuree vostre vie pour la mienne qui estoit sans comparoison meilleur/plus noble et plus digne que la mienne dont vous mauez deliure des paines et des tormens denfer et de damnacion eternelle/a vous suis toute obligee. Et en ce que mauez par vostre saincte grace esleue a estre vostre espouse moy poure et indigne que ien suis/a vous ie me doy toute. Et a ceste cause de la gloire et beatitude eternelle que ie attens a receuoir de vous et viure auec vous ioy eusement et eternellement/non pas pour merite qui soit en moy/mais de vostre seule saincte grace et digne plaisir & par le merite de vostre doloreuse mort et passion/a vous ie me doy toute. Et maintenant mon debonnaire saulueur que puis ie dire ne aleguer quant ie me trouue en toutes manieres plus obligee et redeuable enuers vous q̃ ie ne suis toute. Trop tard vous ay congneu mon doulx espoux iesus trop tard ay eu congnoissance des grans benefices que mauez fais et de la grant amour que auez a moy vr̃e indigne espouse. O mon doulx espoux iesus ie suis toute honteuse de si hardiement parler a vous/ mesmement quant ie me aduise que les bestes mues sans entendement congnoissent leur maistre & lestable de leur seigneur et scauent bien ceulx qui bien leur font et moy qui suis creature raisonnable/et q̃ par entendement puis auoir grande congnoissance de vous mon createur nay eu par cy deuant autre congnoissance de vous et des grans biẽs que mauez faiz/et de la grãt charite et amour que auez a moy. Vous estiez auec moy et ie nestoye pas auec vous mon doulx espoux. Vous mauiez et possediez et ie ne vous auoye ne pos

fedoye. Vous me queriez et ie ne vous queroye
point. Vostre amour delicate ma tousiours en
uironnee et hurte a lhuys de mon cueur p doul
ces inspiracions et salutaires admonicions / ꝛ
iestoye sourde par vanite qui auoit remplie et
occupee mon ame / vous y vouliez entrer com-
me en vostre temple a vous consacre et dedye ꝛ
voulez faire demourãce auec moy cõe auec vos
tre espouse ꝛ iestoye parescreuse de chasser hors
de mon Cueur vanite pour vous faire place
et vous y laisser entrer qui estes toute verite /
non obstant que ie scauoye bien tousiours que
verite et vanite ne pouoient demourer ensem-
ble nõ plus que tenebres ꝛ lumiere. Et en ce la
auez eu pacience / et mauez par vostre saincte
grace doulcement gardee iusq̃s ie soye venue a
congnoissance. Comment doncq̃s vous pour
roye ie tous ces benefices regracier / et rendre
louenges si sainctement et si dignement q̃l ap-
partient a vous debonnaire seigneur et que ie
y suis tenue certainement en ce monde ne peut
estre. Et quant ie viuroye toute seule autant q̃
iamais firent tous les hommes qui oncq̃s fu-
rent en ce monde ie ne pourroye recompenser
p deuers vous ce a quoy ie suis tenue. Hee dieu
que ne suis ie ores en la compaignie de ces glo

rieux .ix. ordres dangés affin q ie vous peusse rendre graces et louenges selon mon desir. O que ie seroye ioyeuse de estre en la compaignie de ces glorieux anges et chanter avec eulx ioyeusement gloire et louēge a voꝰ mon doulx espoux iesus en disant avecq̄s eulx. Sanctus sanctus sanctus dominus deꝰ omnipotēs. Benedictio et claritas et sapientia et gratiarum actio honor virtus et fortitudo deo nostro in secula seculorum. Amen.

Comme lame devote religieuse considere les estatz de paradis. Et premierement. Les patriarches.

Et ces nobles et glorieux patriarches desquelz vous estes descendu selon vostre humanite/comment ilz se esioyssent grandement de vous veoir en vous rendant graces et louenges de ce que de leur generation est venue leur redemption sicōme leur aviez promys de vostre saincte bouche. O que ie seroye grandement ioyeuse de voir le noble lignaige de mon doulx espoux iesus et leur feroye voulentiers grant feste et grant hōneur comme ce seroit bien raison / autrement ie ne seroye pas bōne ne loyalle espouse de voꝰ mon tresdoulx espoux iesus. Mont voulentiers et moult ioyeusement ie chanteroye / gloire et louenge a vous / en disant auec eulx. Gloria / laus et honor tibi sit rex christe redēptor israel in secula seculorum. Amen.

¶ Les saincts prophetes

Et ces glorieux saincts prophetes qui auoient prophetize que de la racine de iesse vne vierge naistroit qui le mōde saulueroit et auroit nom emmanuel / cest a dire. Nous auōs dieu auecques nous qui a prins humanite comme vng petit enfant en la vierge de grant bonte. O comment ilz sesioyssent maintenant grandement en vous mon doulx espoux iesus / de ce que ilz ont este trouuez veritables en leurs parolles / et loyaulx en leurs propheties qui sont veritablemēt acomplies. O q̄ ie seroye ioyeuse de estre en leur compaignie pour chanter ioyeusement auec eulx. Gloire et louēge a vous mon doulx espoux iesus en disant. Benedictus qui venit in nomine domini osanna in excelsis.

¶ Les sainctz apostres.

Et ces glorieux apostres qui annōcerent que messias le filz de dieu q̇ auoit este promis aux patriarches par la bouche de dieu le pere et a-

uoit este prophetise par les sainctz prophetes es-
toit venu/et auoient conuerse auec vous mon
doulx espoux iesus/et receu vostre doctrine/ et
auoiēt este voz disciples/cōment ilz sont main-
tenant en grant ioye et en grant liesse de ce qlz
ont employe si biē leur tēps a eulx espser ain-
si parmy le monde pour annoncier la saincte
foy catholicque et conuertir ainsi le peuple. O
q̄ ie seroye voulentiers en leur cōpaignie pour
les remercier du labeur quilz ont eu de circuir
et conuertir le monde/et exaulcer et augmen-
ter vostre royaulme mon doulx espoux iesus.
Et chanteroye ioyeusement. Gloire et louen-
ge a vous en disant auec eulx. Regi autem se-
culorum/immortali/inuisibili/soli deo/honor
et gloria in secula seculorum. Amen.

Les sainctz martyres

[E]T ces glorieux saintz martyres qui
creurent si parfaictement celle sain-
te foy catholicque que les apostres
auoient annōcee/quilz auoient plus chier res-
pandre leur sang et liurer leur corps a mort et
a martyre q̄ de reffuser la grace diuine a eulx
enuoyee/et quilz regniassēt vous mon doulx
espoux iesus leur saulueur et leur redempteur
Hee dieux cōment ilz sont maintenāt en grāt

lyesse quant ilz voyent en si grant honneur celluy pour lamour du quel ilz ont souffert tāt de douleur/ lequel ilz ont maintenant a prince et a seigneur a loyer et guerdon de leur labeur et le voyent en son regne ioyeusement/ et le possedent eternellement. O q̄ ie seroye voulentiers en leur compagnie pour leur faire feste en disant que cest tout riens de toutes tribulacions quon peut auoir en ce monde au regard de celle glorieuse ioye et liesse la ou ilz sont venuz/ ꝛ comment ie chanteroye lyement / voulentiers et ioyeusement auec eulx/ en rendant graces ꝛ louenges a vous mon doulx espoux iesus et disant. Gratias agimꝰ tibi domine iesu fili dei qui redemisti nos deo in sanguine tuo in secula seculorum. Amen.

Des confesseurs

ET ces glorieux ꝯfesseurs ꝛ docteurs de saincte eglise qui employerēt tout leur temps a estudier la saincte escripture pour anoncer au peuple la forme de viure selon dieu et selon leur conscience pour le salut de leurs ames. Comment ilz sont maintenant grāt feste et sont en grāt ioye et en grāt lyesse de ce quilz voyent que si grant peuple et si grant nōbre de gens sont ainsi par leur pre-

dicacion et doctrine venuz au port de salut. O
que ie seroye voulentiers en leur compaignie
pour chanter auecques eulx ioyeusement lou-
enge a vo⁹ mon doulx espoux iesus en disant.
Hec dies quam fecit dominus exultemus et le
temur in ea in secula seculorum. Amen.

¶ Les vierges

ET ces glorieuses vierges qui si vail
lamment despiterent toutes delices
de ce miserable monde cōment elles
sont maintenāt remunerees et sont en ioye cō-
tinuellement et en lyesse / et font grant feste de
la presence de leur espoux iesus / et vont ioyeu-
sement par les mōtaignes. Cestassauoir par
les neuf ordres danges qui sont appellez mon-
taignes a cause de leur haulte excellence. Et
vont aussi par les chāpaignes: cest par les com
paignies des patriarches et des prophetes par
ou leur doulx espoux iesus descendit dont les
escriptures font mēcion que le filz de dieu viē
droit par les mōtaignes et par les chāpaignes
descēdre en la fleur de iesse / cest en la benoiste
vierge marie. ¶ Et dict aussi les escriptures
q̄ les mōtaignes ⁊ les champaignes chanterōt
a dieu louenges signifiant que ces glorieuses
vierges vōt par les mōtaignes et p̄ les cham-

paignes visiter leurs amys en chantant gloire et louēge a leur espoux iesuchrist. O que ie me esiouyroye grandement de veoir mes bonnes seurs pour estre en leur cōpaignie et aller auec elles par les mōtaignes et par les chāpaignes visiter mes amys / le noble lignaige de mon doulx espoux iesuchrist. Et chanteroie auecq̃s elles haultement et a chiere lye. Gloire et louenge a vous mon doulx espoux iesus en disant Regnauit dominus Jesus sponsus noster rex omnipotens. Gaudeamus et exultemus et demus gloriam ei in secula seculorum. Amen.

¶ La royne du ciel

Cette glorieuse dame que ie deusse auoit premierement nōmee qui est la royne du ciel dames des anges tresoriere de paradis / rose celestielle tresclere et tresresplendissāt susceptible de diuine lumiere dessus toutes celles de la court celestielle Vierge tresexcellente / noblesse et honneur de toutes vierges. Mere de mon doulx espoux iesuchrist. Comment est elle maintenant en grāt ioye et en grant lyesse / et fait grant feste de ce quelle voit que son enfant lequel elle auoit cōceu du saint esperit comme les prophetes lauoient prophetize / et saint Gabriel archange luy auoit annoncie/et quelle a porte en son benoist ventre/celluy qui ciel et terre et mer ne peuēt comprendre/tenu entre ses glorieux bras petit enfant/celluy qui est recteur seigneur et gouuerneur de tout le monde/et alaicte du benoist laict de ses sainctes mām̄elles/baignie/bercie enueloppe entre ses drappeletz/accole ꝛ baisie tresamyablement / reschauffe en son glorieux sein/celluy q̄ est au sein de dieu le pere qui embrase et eschauffe les seraphins de sa saincte et doulce amour/a aussi endoctrine comme innocent et non saichant/celluy q̇ est diuine sapiēce ꝛ qui remplist ce glorieux ordre des cherubins de plantureuse sciēce/assiz en son gyron/celluy qui a son siege au glorieux ordre des throsnes / soubstenu entre ses bras celluy qui soubstient ciel ꝛ terre/soingne et gouuerne diligemment celluy qui est pain des anges et refection de la glorieuse vision de sa merueilleuse beaulte/tenu en subiection celluy qui a puissance et domination sur toutes les puissāces celestielles terriennes et infernales . O qlle glorieuse dame et de grande dignite estre mere du filz de dieu nourrice du roy des anges/dame de son seign̄r mere de son createur . Mais si ne fut elle mye en ce mōde sans grāt douleur et tristesse. Car celluy q̄lle auoit ioyeusement offert au temple a dieu le pere comme en luy presentant et rendant son chier enfant/duquel elle ne se reputoit que humble servante. Depuis elle le veit attachier rudement a larbre de la croix pour nostre redemption et faire souffrir mort tresamere et treshonteuse cōme a vng malfaicteur dont elle fut moult desolee. Et comme saint simeon le luy auoit prophetize le glayue de tristesse luy trespercea sa benoiste ame et remplit de amertume ses entrailles maternelles/ mais ainsi que mon doulx espoux iesus son benoist chier filz auoit dit a ses apostres et disciples sa tristesse est tournee en liesse / car maintenant elle le voit ressuscite et regner en son royaume comme il lauoit dit et esleue par sur toutes les vertꝯ celestielles seant a la dextre de dieu son pere/cest es meilleurs biens et en la meilleur porcion de lheritage paternel et a la plus excellente vision de la diuine verite/ et plus delectable fruiction de la diuine bonte. La elle et tous les anges et tous les sainctz et saintes de paradis ladorent comme vray dieu / honnorēt comme leur roy et vray seigneur/loent et regracient comme leur vray redempteur. O quelle est remplye de superhabondante liesse et exul

tacion et chante ioyeusement/gloire et louen-
ge a vous mon doulx espoux iesus en disant.
Adhesit anima mea post te fili mi dulcissime/
me suscepit dextera tua et tua magna gloria.
O que ie la verroye voulentiers en sa gloire
et hōneur la ou elle est/comment elle est noble-
ment assise en ce glorieux vergier celeste envi-
ronnee de roses et de fleurs de lis/comme le
prophete quoit veu celle glorieuse dame mō-
ter par dessus les rivieres des doulces eaues
qui fluent en silence/cest par dessus les neuf
ordres des anges/et lenvironnēt roses et fleurs
de lys. Ce sont ces glorieuses vierges/ma da-
me saincte katherine/saincte cecille/saincte
barbe/saincte Vrsule et. xi. mille ses cōpaignes
et toutes les autres glorieuses vierges/et ces
glorieux anges qui sont entre ces glorieuses
vierges et vont et viennent entour de celle glo
rieuse dame chantans ioyeusement et luy fai-
sant honneur et reverēce. O que ie seroye vou
lentiers avec eulx pour faire feste a la glorieu
se mere de mon doulx espoux iesus/et me tien
droye voulentiers pres delle pour chanter ioy
eusement avec ces anges et ces glorieuses vier
ges louēge et gloire a elle en disāt. Regina celi
letare alleluya. Quia quē meruisti portare al-

leluya. Resurrexit sicut dixit alleluya. Et regnat in gloria alleluya.

¶ La multitude des sainctz et sainctes.

ET generalement toute la glorieuse cōpagnie de paradis/anges/patriarches/prophetes/apostres/martyrs/confesseurs/vierges/ et tous sainctz de quelque estat ou ordre quilz soyent/ comment ilz sont tous cōtinuellemēt en grāt ioye et en grande iubilacion et font grant feste et solennite de celle glorieuse trinite et chantent tous ensemble a haulte voix gloire et louenge en disant. Te decet laus te decet hymnus tibi gloria deo patri et filio cum sancto spiritu in secula seculorum. Amen

¶ La grant ioye que la saincte ame a de veoir son espoux iesus.

O Mon doulx espoux iesus. Ja soit q̄ toutes ces choses soyent si amoureuses/si delectables et si glorieuses que ma bouche ne scauroit dire ce q̄ mon cueur en sēt/ne mō cueur pourroit sētir ce q̄l en est/ car elles passēt tout humain entēdemēt/toutessfois si me semble il selon mon cueur/selon mon affection/selon mon desir que ie prendroye trop plus grant ioye/plus grant plaisir et plus grāt delectacion destre tousiours auecques vous mon doulx espoux / de me tenir tousiours empres vous / dauoir tousiours mes yeulx sur voꝰ: car vous estes bel et plaisant a regarder / doulx et amyable a arraisonner / gracieux et delectable a embrassier / amoureux & suffisant pour rassasier laffection de vostre espouse. Si me ioingdroye voulentiers a vous en chantant ioyeusement p affection interiore / par maniere de deuote iubilation en disant. Dilectus meꝰ michi et ego illi.

De la grant ioye que lame deuote religieuse prent a considerer les ioyes de paradis.

O Royaulme des cieulx / royaulme de siderable / royaulme ioyeux / royaul me aggreable / Royaulme amoureux / royaulme delectable / royaulme dōt dieu est roy: nostre dame royne / les apostres les princes / les martirs les cheualiers / les glorieuses vierges les dames du pays / les anges les ministres / saintz et sainctes & anges menans ensemble ioyeuse vie. O cite celestielle / o vision

de paix / o seure mãsion dont dieu le pere est lu-
pse / le filz la clarte / le saint esperit la charite.
O glorieux pays q̃ contiẽt quãque peut plaire
a creature. To⁹ les habitãs de celle glorieuse
cite sont tousiours en gloire ⁊ en liesse / et se de
licent sans cesser en vous mon doulx espoux
iesus q̃ estes suffisant bien pour acõplir ⁊ dõner
quãq̃ le cueur peut desirer. Se on desire beaul
te les iustes resplendirõt comme le soleil / se on
prẽt plaisir en agilite ⁊ legierete les ames be-
noistes seront ysnelles agilles et legieres cõme
les anges / se on se delicte en force riens ne leur
pourra resister / se on prent plaisir en puissance
ilz serõt to⁹ puissans de faire leur voulente cõ
me dieu est de la sienne. Car ainsi q̃ dieu est tout
puissant de faire toutes choses de luy mesmes
ainsi pourrõt ilz toutes choses en dieu / car ilz
sont si vnys et coniointz a dieu q̃lz ne veullent
autre chose q̃ la voulente de dieu. Et ainsi q̃lz
verront ⁊ vouldrõt toute la voulente de dieu /
aussi dieu verra ⁊ vouldra tout ce q̃lz vouldrõt
Et ce q̃ dieu vouldra ne pourra estre q̃l ne soit
fait. Se on prẽt plaisance en liberte et frãchise
toute chose leur sera penetrable cõme aux be-
noistz anges tellement q̃ nulle chose ne les po-

ra tenir cõtre leur voulente/se on se delecte en
richesses le royaulme des cieulx la ou sont les
vrayes et eternelles richesses sera a eulx sans
fin/se on prẽt plaisir en hõneur ou en noblesse
ilz sont to⁹ roys et toutes roynes/et serõt tous
filz et filles de dieu et semblables a dieu/se on
prent plaisance en belle ⁊ ioyeuse cõpaignie ilz
seront en la cõpaignie de dieu/de nostre dame/
des patriarches/apostres/martirs/cõfesseurs
vierges/et generalement de tous les saintz et
sainctes et anges de paradis qui est vne moult
belle ⁊ ioyeuse cõpaignie/se on prent plaisir en
bõne et loyalle amytie ilz ayment lung lautre
cõme eulx mesmes et ayment dieu plus q̃ eulx
mesmes/et dieu les ayme plus q̃ eulx mesmes
ne se ayment. Ilz ayment dieu souuerainemẽt
et lung lautre en dieu charitablement/et dieu
les ayme en soy eternellement cõme ses enfãs
et habitans/ausquelz il a dispose et donne son
heritaige le royaulme des cieulx. Se on se de-
licte en melodie les benoistes ames espousees
de Iesuchrist oyent continuellement le doulx
chant des anges/le souef son des orgues et le
deduyt de toute maniere de armonye ⁊ de chã-
terie les glorieux hymnes ⁊ les ioyeuses chan

sonnettes que les anges et les vierges chātent
continuellement en rendant graces et louen-
ges eternellement a dieu leur createur. Se on
desire grandes sciences ou glorieux royaulme
des cieulx la verite diuine cause en lentende-
ment de ceulx qui y sont vision/moyennant la
quelle elle cause en leur corps clarte de diuine
sapience. Et icelle diuine sapience se monstre-
ra a eulx soy mesmes telle quelle est en son pur
estre et en sa pure essence/et espandra en eulx
les rays de sa clarte. Et sera lentendement rē-
ply de plantureuse science/la voulente sera ras
sasiee de la doulceur de souueraine paix/la me
moire iouyra de continuacion de eternelle gloi
re. Et seront les secretz diuins ouuers et con-
gnoistront plainement cōbien il est desiderable
aux anges qui sans cesser le desirēt a regarder
Combien il est delectable aux saintz/car il est
leur dieu et ilz sōt son peuple/et habite en eulx
cōme en son temple/et ioyeusement et bienheu
reusement en luy cōtinuellement se delectent.
Combien aussi est il admirable a toutes crea
tures qui ont este de luy crees si puissamment
gouuernees si saigemēt ⁊ disposees si benigne-
ment et congnoistront la puissance du pere/la

sapience du filz/et la benignite clemence ⁊ bonte du saint esperit. Et ainsi auront ilz clere cõgnoissance de ceste saincte et glorieuse trinite et laymeront parfaictement. En laquelle congnoissance ⁊ amour gyst toute la perfection et souueraine beatitude de humaine creature cõgnoistre cestassauoir et aymer dieu son createur. Se on desire seurte ilz seront aussi seurs de iamais ne perdre tous ces biens contenuz au souuerain bien que ilz sõt seurs que iamais ne leur sera oste. Car parfaicte beatitude exclud et chasse tout mal de celluy qui est bienheure et a comprehension de tout bien. Car se ilz ne le comprenoient auecqs seurte de le tousiours tenir et posseder / le mal de paour et de crainte seroit en eulx qui toutesfoys sont bienheurez/par lequel mal de crainte ou douleur ilz craindroient de perdre en aucun temps le bien quilz voyent: et nauroient encores acquis le bien vniuersel souuerainement parfait par luy seul suffisant. Et ne reposeroient point encores/ne ne se delecteroient en dieu comme en la derreniere fin et le derrenier accomplissement de leur desir et cõprehension de tout bien Se on desire longue vie les iustes viuront perpetuellement / car au royaulme des cieulx est vie sans mort / ieunesse sans vieillesse / sante sans maladie / Joye sans tristesse / Paix sans discorde / Repos sans labeur / Richesse sans perte. Habondance sans deffaulte. Dignite sans crainte. Beatitude sans misere. Perpetuite sans corruption. Amour sans langueur. La sont tous biens contenuz en parfaicte charite en plaine science en tout et par toutes choses. La est lumiere sans tenebres. Jour continuel sans succession de nuyt et sans perturbacion de nuees / et sans mutacion de temps. La aussi ne aura diuersite de langaiges: ne diuersite de couraiges / pareillement ne affection desordonnee Amertume et asprete nont point la de lieu. La na point de malice. La na nulle malice ne de malignite. La na nul aduersaire ne nulle aduersite. Nulle concupiscence charnelle / ne nulle villaine ne puante delectation. Ne voulente de pechier. La na aucune indigence ne mesaise de fain / de froit / de chaleur : ou autre perturbation et mouuement de temps. La na douleur ne paine / ne deshonneur. Nulle ignorance / nul doubte / ne nulle violēce. Nul estrif / nulle noise nulle dissencion / pareillement nulle discorde /

Ains par le contraire la est paix souueraine/
ardente charite et amour/continuelle iubila=
cion/seurte et repos sans fin/et parfaicte ioye
au saint esperit. La est souueraine felicite/sou/
ueraine ioyeusete/Souueraine beatitude.
Vraye liberte/parfaicte charite/eternelle seu/
rete et pure eternite. La est vraye liesse/plaine
science et toute beaulte. La est doulceur/bonte
vertus/honnestete/ioye/exaltacion/et vie per
manable/gloire/louenge/amour/honneur et
doulce concorde. La voit on la souueraine bon/
te de dieu et la glorieuse presence de la diuine
maieste laquelle fait tant a esmerueiller que a
paine sen pourroit le cueur a plain rassasier/
Mais tousiours continuellement le desirent
a veoir les glorieux anges et les benoistz saitz
et sainctes de paradis. En ceste tresglorieu=
se cite celestielle ou sont les bieneurees espou=
ses de iesuchrist le redempteur de lhumain li/
gnaige region supernelle/iherusalem saincte/
nostre benoistre mere/ nostre pays desita=
ble la ne sera point necessaire la clarte du so/
leil ne la lumiere de la lune ne aussi celle des
estoilles. Car icelle diuine lumiere lumineu/
se et enluminant de dieu qui repaist et refec/
tionne tous ceulx et celles qui le regardent

de la glorieuse vision de sa merveilleuse beaul te enlumine si habondamment tous les cytoiens de ceste glorieuse cite quilz en sont tous enluminez tellement quilz reluysent de lumiere enluminee de celle lumiere enluminant. Et sont plus beaulx et plus resplendissans sept fois que le soleil luysāt. Ainsi sera ioyeusemēt avec dieu celle ame benoiste et doulce espouse du doulx iesuchrist/en la cōscience de laqlle ne sera point trouve de peche ne de macule.

De la superhabondant ioye que lame benoiste espouse de iesucrist prēt en la multiplicatiō des faitz et en participant a leur ioye.

O Mon doulx espoux iesus quelle grande ioye peut avoir lame benoiste vostre espouse la ou elle iouyst de tant et de si grans et de si ioyeux biens/et se chascun particulier bien est tant delectable/de cō biē est plus delectable le souverain bien ou sōt cōtenuz tous ces biēs. Se on prēt si grant plaisir en choses crees quel plaisir peut on prendre en celluy qui a tout cree/et qui est la souveraine et parfaicte ioyeusete de toutes ioyes. Cest chose certaine que se ung autre que iaymeroye comme moy mesmes auoit telle gloire et beatitude comme moy mesmes que ma gloire et beatitude doubleroit/et ne mesiouyroie pas mois du bien de celluy que iaymeroye cõme moy mesmes que du mien propre. Et se deux ou trois ou beaucoup plus en ya que ie aymeroie ainsi que moy mesmes pour chascun mesiouyray autant comme de mon propre bien. Et donicques en ceste parfaicte et bieneuree mansion de paradis la ou il ya innumerables anges et innumerables ames dont chascun ayme tous les citoyes de paradis comme soy mesmes il est euident que aussi grant ioye aura chascun de la gloire et beatitude de chascun des habitans de paradis comme de la sienne propre. Et par ainsi se le cueur de la benoiste ame espouse de iesuchrist peut a paine comprendre la ioye quelle aura de sa propre gloire et beatitude / comment pourra elle comprendre tant de ioyes quelle aura de la gloire et felicite dung chascun lesqlz elle aymera tous comme elle mesmes. Et tout ainsi que cest chose certaine que de tant que on ayme plus autruy de tant sesiouyst on plus de son bien. Ainsi pareillement en icelle et parfaicte felicite la ou chascun aymera dieu sans comparaison plus que luy mesmes ne que to9 les autres auecques luy. Aussi sesiouyra plus de la gloire et felicite de dieu que de la sienne et de tous les autres. Et silz aymēt ainsi dieu de tout leur cueur/de toute leur pensee / de toute leur ame et que tout leur cueur/toute leur pensee et toute leur ame ne seront suffisans a la plantureusete et superhabondance de ioyequi la est. O ioyeuse compaignie la ou vng chascū sesiouyst autant de la gloire et felicite des autres q̄ de la sienne/ car en telle glorieuse compaignie tout est vng et commun. Chascun est content de la gloire quil a/ne vng ne vouldroit pas auoir la gloire de lautre. Car tous sont en vne bonne paix/en vne bonne vnite/en vne bonne charite/en vne bonne dilection/ en vne bonne concorde/et sesiouyssent tous lung en la gloire de lautre. Les patriarches/les prophetes / les apostres sesiouyssent en la gloire des saintz martyrs et des glorieuses vierges. Et les benoistz martirs et les glorieuses vierges sesiouyssent en la gloire des patriarches / des prophetes et des apostres. Et ainsi pareillement de tous les autres vng chascun sesiouyst en la gloire et felicite de lautre cōme de la sienne mesme. Car la gloire que lung na point

en luy par precedent merite il la es autres par
amour/charite & fraternelle dilection. Et ain
si iacoit que la gloire dung chascun soit diffe=
rente selon les merites precedens acquis en ce
monde par oeuures meritoires/toutesuoyes la
ioye est toute vne et commune a tous par cha=
rite et dilection quilz ont lung a lautre en vo9
mon doulx espoux iesus qui estes tout en tou=
tes choses. Encores nay ie poit dit mon doulx
espoux iesus ne congneu combien sesiouyront
ces glorieuses ames voz benoistes espouses en
vous leur glorieux espoux. Toutesfois cest
chose certaine que elles sesiouyront autant cō/
me elles vous aymeront/et elles vous ayme=
ront autant que elles vous congnoistront. Et
dautant quelles vous aymeront et congnois=
tront/de autant en ceste amour et cōgnoissan/
ce de vous sesiouyront. Oncques oeil napper=
ceut/oncques oreille ne ouyt/oncq̄s en cueur
dhomme ne monta en ceste presente vie quelle
gloire/quelle liesse/quelle exaltation auront
les glorieuses ames benoistes espouses de iesu
christ en la congnoissance de la diuine sapien=
ce/en la delectable vision de la diuine essence/
en la delectable fruiction de la diuine maieste
La elles verront leur doulx espoux et redemp

leur iesus en sa gloire / beatitude et ioyeuse felicite .

O la grāt ioye que la benoiste ame a de veoir le miroir celestiel le precieux corps iesucrist

O Mon doulx espoux iesus que ie vous verroye voulentiers en vostre gloire et maieste / la ou tous les anges et tous les saintz et sainctes de paradis sont tous desirans de vous veoir / tous ioyeux de vous seruir / aorer / beneyr / loer et glorifier: la ou vous estes le cler miroir celestiel tresbel et treffin / tresnet et tresresplendissant et tresplaisant a regarder . Auquel on voit reluyre quanquil ya en paradis . Cestassauoir nostre dame / les neuf ordres danges et tous les saītz et sainctes et toute la melodie de paradis . Et ainsi la benoiste ame espouse de iesuchrist en regardāt son doux espoux iesus sans se tourner dūg coste ne dautre elle voit plainemēt quāquil ya en paradis / et se voit en oultre ce q̄ luy est moult ioyeuse chose / car tout ainsi que celluy q̄ regarde en vng miroir se voit luy mesmes reluyre au miroir / ainsi la benoiste ame se voit reluyre en son doulx espoux iesus en le regardant/et tout ainsi que vne personne voit en vng miroir reluyre tous ceulx qui sont autour de luy/aussi pareillemēt la benoiste ame espouse de iesuchrist auec ce quelle se voit reluire en son doulx espoux iesus aussi voit elle reluyre tous ceulx qui sont autour delle/cestassauoir les anges et tous les sainctz et sainctes et ames de paradis/dont elle est glorieusemēt enuirōnee/et quāt elle se voit ainsi reluyre en son doulx espoux iesus au millieu de si grande noblesse et de si glorieuse cōpaignie. La grāde ioye et grande exultacion dont elle est remplye cueur humain ne scauroit penser ne dire.

La grant clarte que lame benoiste recoit de son tresdoulx espoux iesus.

Mon doulx espoux iesus se ie ne auoye paour doffenser ie penseroye voulentiers vng pou a celle glorieuse et saincte deite dont vostre benoiste ame est remplye et si clere ⁊si resplendissant de celle diuine lumiere inacessible quelle en reluyst dune clarte tant excellente et en espand et tresper

se parmy son corps les raiz de sa clarte dessus
tous ceulx q̃ sont en paradis/tellemẽt q̃lz sont
tous enluminez et tous reluysans de telle diui
ne lumiere/et en reioyssent de telle diuine clar
te lung plus que lautre selon leurs precedens
merites acquis en ce monde par opperacions
meritoyres et excercitacion de bonnes vertus
et selon la mesure de la grant amour et ardant
desir quilz auoient de plaire a leur doulx saul
ueur iesus. Comme les benoistz martyrs qui
furent bien purgiez et bien polys par paines/
tormens/tribulacions et cruelz martyres/cõ
me iob qui gisoit ou fumier/saint pierre es
tendu en la croix/saint laurens rosty sur vng
gril/et plusieurs autres saints et sainctes qui
souffrirent moult de martyres. Ilz reioyssent
de ceste diuine lumiere plus q̃ les autres com
me vng miroyr trescler et tresfin recoit la clar
te du soleil plus habondamment que plusieurs
autres choses tellement que dedans le miroir
on voit reluyre la clarte du soleil. Et les glori
euses vierges espouses de iesucrist q̃ demou
rerent tousiours pures et nettes de corps/de
cueur et de pensee affin quelles peussent mieulx
plaire a leur doulx espoux iesus/recoiuent de
celle diuine clarte qui leur vient de leur doulx

espoux iesus cõme le fin christal recoit la clar/
te du soleil tellemẽt que la clarte du soleil per
ce tout oultre et voit on dedans le cristal cõme
vng autre soleil. Ainsi pareillemẽt en ces glo/
rieuses vierges voit on reluyre leur doulx es/
poux iesus/ et en cella est la felicite des sainctz
et sainctes/ car de tant que vne chascune ame
benoiste est mieulx preparee et mieulx dispo=
see et plus receuable de ceste diuine lumiere/
de tant en recoit elle plus abondammẽt/ et de
tant quelle en recoit plus abondãment de tant
est elle plus clere et plus resplendissant / et de
tant quelle est plus clere et plus resplendissãt
de tant est elle plus conforme et vnye a son cre
ateur/ et de tant quelle est plus conforme/ plus
semblable et plus vnye a dieu son createur/ de
tant voit plus parfaictement et plus plaine=
mẽt dieu reluyre en elle/ et elle reluyre en dieu
et de tant q̃ elle voit plus parfaictement dieu
en elle reluyre et elle reluyre en dieu/ de tant
luy est plus grande gloire et plus grant hon=
neur. Et cest ce que dit sainct paul. Stella dif/
fert a stella in claritate. Une estoille dit il est
differant de lautre en clarte. Aussi vng sainct
passe lautre en gloire et felicite.

De la grant delectation que lame prent en la vision diuine.

O Benoiste vision/o ioyeuse vision/o delectable vision / veoir dieu en sa diuine essēce duquel la beaulte fait tant a esmerueiller quon ne le pourroit exprimer ne penser. Veoir dieu en nous mesmes et nous en dieu. Veoir dieu en lung lautre/et lung lautre en dieu/et veoir dieu en toutes creatures. O benoiste vie/o ioyeuse vie/o vie delectable. Viure auec dieu/viure en dieu et viure de dieu. Seoir a la table de iesuchrist et mangier de ceste glorieuse manne qui est le pain des anges qui est se delecter en la glorieuse fruiction de la vision de dieu. Boire de ce diuin fleuue dont la doulce submurmuracion et resonnance et ioyeuse liberalite alesche et esiouyst tous les habitans de celle glorieuse cite Et comme lame benoiste aura par dedans souueraine delectation en la doulce fruition de la diuine essence et verite essencialle / tout ainsi aura elle par dehors souueraine ioye en la vision de veoir le filz de dieu auoir prins humaine nature et estre deuenu homme / et homme estre deuenu dieu / et de veoir ceste glorieuse dame mere de dieu estre esleuee par dessus to9 les neuf ordres danges la ou elle est assise a la dextre de son filz nostre doulx saulueur iesu-christ/et de veoir les glorieux anges/les patriarches/les pphetes/les apostres/les martyrs les confesseurs/les glorieuses vierges / Et de veoir celle multitude de laquelle parle sainct iehan en lapocalipse/qui estoit si grande q̃ nul homme ne la pouoit nombrer/et de veoir toutes les melodies de paradis/en laquelle delectable fruiction interiore et ioyeuse vision exteriore les ames benoistes sesiouyront eternellement et se reposeront et delecteront en dieu cōme en lassecution du bien vniuersel souuerainement parfaict par luy seul souffisant oultre lequel ne demanderont plus riens. O ioyeuse cōpaignie estre auec dieu/estre en dieu et dieu en nous/et estre semblables a dieu/estre auecques les anges / estre auec les sainctz et estre sainct. O vie celestielle/vie glorieuse/vie permanable/vie saincte/vie benoiste que tant es delectable. O cōbien eureuses sont ces benoistes ames espouses de iesucrist qui sont despoillees de ceste miserable chair mortelle/ et sont lasus en gloire reuestues de robe de immortalite/et sont seures et en paix voyans continuel lement dieu face a face/et iouyssent plainemēt de la glorieuse presence de leur doulx espoux iesus lequel elles auoient tant queru/tāt desire et si ardamment ayme.

Comment lame deuote religieuse se maintient en la doulce contemplacion des ioyes celestielles.

Mon doulx espoux ies⁹ ie vo⁹ prie treshumblement que se ie mesprēs en riens de penser ainsi et si auant/vueillez le me doulcement pardonner/vo⁹ scauez bien que bon amour en est cause. La grant amour et ardant desir que iay destre auec vous me fait tousiours penser a vo⁹ Vous scauez bien que celle que vous auez touchee par vostre saincte grace du feu de vostre souefue amour ains ne peut autre chose penser que vous/ne peut autre chose mediter que vous/ne peut a autre chose entendre q̄ a vous et ne peut en riens prendre repos que en vous Mon doulx espoux iesus quelle autre chose pourroit faire vostre doulce espouse a laquelle tous soulas et ioyes exteriores sont angoisses Son cueur qui est alume et embrase du feu de

paradis/son amour q̃ est esprise de vostre doul/
ce amour. Lardant desir et amoureuse dilecti/
on q̃lle a a vo⁹ ne scet mesure/raisõ oublie/cõ/
seil reffuse/elle nomme amour/elle appelle a=
mour/reclame amour/desire amour/pẽse da/
mour/parle damour Le cueur luy art/la bou
che luy brusle/elle ne peut celler ce quelle sent/
souuent pleure/souuẽt souspire/gemist/lamẽ
te doulces angoisses/elle a soif/hee dieu de
quoy/de ce quelle a beu/elle a fin et si a man=
gie le pain du ciel/elle a froit et si est emmy le
feu. Telle est la maniere de lespouse ies⁹/sou
uent monte par deuote meditacion/et sembat
ou oncques ne fut par ce ciel et court familie=
rement par les rues de iherusalem celestielle
visitant les patriarches/les prophetes/saluãt
les apostres/considerant les grandes compai/
gnies des martyrs et des cõfesseurs/contem=
plant les colleiges des glorieuses vierges et
toutes les ioyes et melodies de paradis. Ainsi
fait le cueur qui est de vostre amour surprins
mon doulx espoux iesus.

Comment lame deuote contemplati=
ue religieuse regrette la vie celestielle

O Doulce vie celestielle laquelle dieu a appareillee a ceulx q̃ layment vraye-ment et tendrement. O vie saincte/o vie seure/vie paisible/vie sans affliction/vie sans vanite/vie sans mort/vie sans douleur/vie plaine de tous biens et de toute dignite la ou celle incomprehensible lumiere luyst que ia mais nul ne peut estaindre/la ou celle vraye paix est q̃ nul ne peut troubler/la ou fontaine de tous biens sourt que nul ne peut espuisier/la ou la diuine maieste tout contient en sa trã-quilite/la ou la diuine verite tout manifeste a reuele par sa grant clarte/la ou la diuine chari te superhabonde et redonde par eternelle ioy-eusete/laquelle entierement parfait le desir et le consumme par ineptimable felicite/la ou la benoiste trinite regne en substãce vng/et en personnes trois: le pere/le filz/et le saint espe-rit par tout le siecle des siecles. O glorieuse ci-te moult me plaist de entendre a toy/moult me delecte en la doulce memoire de toy/et me est moult ioyeuse chose a considerer en mon cueur les biens qui sont en toy. En la doulce memoi-re de toy mon cueur se ratendrist. En la doulce memoire de ton prince mon doulx espoux iesus qui ta faicte si noble mon cueur est comme def faillant. En ta doulce amour et dilection ie desire viure et mourir. O supernelle iherusalem tresclere et tresresplendissant mansion du dieu eternel et tresbeau et tresplaisant pays/delectable et de tous biens habondant/toute ma ioye et consolacion/tout mon confort et expectacion/tout mon plaisir et exultacion/toute ma pensee et meditacion/toute ma plaisance et cõtemplacion. A toy soient tous mes souspirs. A toy tendent tous mes desirs. A toy finablemẽt puisse ie paruenir.

Comment lame deuote religieuse se cõplaint quelle ne peut mye estre en cõtemplacion comme elle vouldroit.

Mon doulx espoux iesus et que diray ie maintenant. Apres que iay eu auec vous tant de bonne et doulce consolacion comment me pourray ie iamais de vous separer. Comment pourray ie iamais oster mon cueur et ma pẽsee de vous pour aller soingner des choses de ce mõde. O dieux quel malheureux change et dommaigeuse cõmutacion

relenquir son espoux iesus pour vaines pen-
sees. Comment layrray ie ceste secrete couche
du saint esperit le secret plaisir de mon cueur
qui ung pou deuant estoit ententif aux ioyes
celestielles/lesquelles a soubdainement haban
donnees pour aller au soing et cures de ce mõ
de. Encores apparoissent les signes et stigma-
tes de mon doulx espoux iesus que nague-
res auoye en la chambre de mon cueur/helas
et ia y commencent a entrer ie ne scay quelles
charnelles/viles ꝛ inutilles pensees. Cest cho
se mal appartenant et par trop deshõneste que
les aureilles qui maintenant auoient ouy les
parolles diuines qui sõt si sainctes et si dignes
que a paine est licite a homme de les parler tã-
tost apres les conuertir a ouyr oyseuses et vai-
nes parolles. Les yeulx qui auoient nagueres
este lauez et baptisez de deuotes larmes de cõ-
punction tantost les conuertir a veoir la vani-
te de ce monde. La langue qui auoit parle les
parolles diuines et auoit doulcement et fami-
lierement arraisonne son doulx espoux de sain
ctes parolles dont elle sestoit a luy reconsillee
de rechief la conuertie a parler parolles oyseu
ses et mondaines. Le temple du saint esperit/

m 6

le secret de la conscience qui estoit aorne de ces belles fleurs et roses celestielles par la doulce meditacion de ces glorieux neuf ordres dāges auquel temple iauoye receu mō doulx espoux iesus et luy auoye chante des chancons de syon cestassauoir louenges et oraisons/et me estoye grandement delectee au son du psalterion de dix cordes/lequel dieu crea au commencement a la louenge de son saint nom dōt les neuf cordes qui sont les neuf ordres danges ont tousiours rendu sons moult doulx/moult souefz/moult delicieux et melodieux. En celle dixiesme corde qui est le lignaige humain en tant q̄ a la porcion de la sus qui est ia estendue au ciel qui sont les patriarches/les prophetes/les apostres/les martyrs/les confesseurs/les vierges/et generallement toutes les benoistes ames de paradis qui sont comprinsee/cōtenues et incorporees au corps de saincte eglise qui est lespouse du benoist filz de dieu rend la sons de grāt melodie en glorieux hymnes / en graces en louenges / en melodieux sons dorgues et de toutes manieres de chantz et darmonye ou ie mestoye souefuemēt endormie entre les bras de mon doulx espoux iesus lequel auoit dit et coniure les filles de iherusalem quelles ne me esueillassent point iusques a tant que ie voul-droye. Or icelles filles cestassauoir les soinge et cures que iay me ont esueillee contre ma voulente tellemẽt que ie me retrouue cy bas a laultre bout de reste .v. corde qui rend son si trespiteux que cest grande merueille si ce nest par vostre saincte grace mon doulx espoux iesus quant il vous plaist de latoucher vng petit du feu de vostre saincte et doulce amour qui la reschauffe/renouuelle et refreschist en vostre amour/en la doulce memoire de vo⁹ et des grãs benefices que vous luy auez faitz/et en lesperance que par vostre saincte grace elle yra la sus auec vous en vostre saincte gloire et sera mise et vnye auecques les autres a la portion de la sus de la .v. corde de ce glorieux psalterion dont elle se resiouyst toute et fait grãt feste et par tresgrant amour et dilection vous rend graces et louenge tresdeuotement et de cueur fort ioyeux/mais helas tant que elle sera en ce miserable monde icy quant elle se raisonne le mieulx quelle peut si ne sont ce que larmes et souspirs ou ardans desirs enflammez de vostre doulce amour lesquelz se font tousiours en

larmes/et encores moult bien mest quant ain
si est. Car il aduiēt souuent que ce psalterion
en tant que a nostre part et portion ne dit mot
comme il appert maintenant la ou il me con=
uient tout laisser pour aller soingner des cho=
ses temporelles. Et conuiendra de rechief que
ce temple soit occupe et soille des vanitez de ce
monde contre ma voulente. Et me retourne=
ray tantost poure et froide et plaine damertu=
me. Si pourray bien dire de si hault tant bas/
de si chault tant froit / de si doulx tant amer
suis ie tombee et descendue. Naguerres estoye
entre les anges/et ores ie me voy entre les hō=
mes. Naguerres estoye en mon pays celestiel et
ores suis ie en exil en ce monde et en la vallee
de pleurs et de misere. Helas la grande lyesse
du ciel/la doulce melodie de paradis/les doul=
ceurs celestielles ou sont elles allees/que sont
elles deuenues/ou sont elles vollees? Las que
ie suis poure/que ie suis froide/que ie suis di=
seteuse. Comment mon cueur se desconforte
o mon tresdoulx espoux iesus. Ce mest ainsi
que mort. De si loing quil me souuiēt tout me
tourne a ennuy. Car vostre amour mō doulx
espoux ma tant enflamme que quanque ie de
sire cest destre auec vous. Sil vous plaisoit

mon doulx espoux iesus ie vouldroye bien icy mourir empres vous affin que menmenissiez la sus auec vous. Car ie vous ayme ardamment et de plus en plus ie desire vous aymer. Venez doncques a moy mon doulx espoux: car sans vous viure mest mort/ venez mon doulx espoux ma ioye et mon confort. Tirez moy de la prison de ce corrompu corps/ cy bas riens ne desire/ en vous est mon tresor. Car vous auez naure mon cueur de vostre doulce amour tellement que ie languis damour en desirat tousiours daller la sus auecques vous. Combien longuement me ferez vo⁹ languyr mon doulx espoux iesus / quant vous plaira il a me faire grace? Faictes mon cueur a vous deuot / mon corps a vous dedye/ & consacre mon ame vous desirant/ mon esperit soit ioinct a vous amoureusement par doulx lyen de mariage. Quelle chose vous puis ie plus donner mon doulx espoux iesus? Quelle chose regardez vous plus en moy. Mon cueur / mon corps et mon ame vous ay donne/ et par ainsi suis toute vostre. Prenez doncques sire ce qui est vostre et memmenez la sus. Cest ce dont ie vous prie mon doulx espoux iesus.

Cy fine le Bergier celeste.

BIBLIOTHEQUE [illegible] IMPR[illegible]

[T]out ainsi que le soleil espãd ses rays
tant sur belles fleurs doulces et odo-
rantes que sur charõgnes et fiantes

ordes et puantes. Semblablement nostre saul
ueur iesuchrist souffre et permet receuoir son
precieux corps tant aux bons q̄ aux mauluais
mais il ya moult grant difference. Car ainsi
que la fleur touchee du soleil en est plus belle
plus doulce et plus odorante/ et la frante/cha
rongne et pourriture touchee du soleil en est
plus abhominable et plus puante. Semblable
ment lame des bons et vertueux qui par vraye
penitence est lauee/purgee et nettoyee en rece
uãt la lumiere du soleil de iustice/cestassauoir
le precieux corps de nostre seigneur iesus est
grandement augmentee en graces et vertus p̄
lesquelles vient en paradis. Mais les charon
gnes/frantes et ordures comme dit est sont plꝰ
puantes de la lumiere du soleil et sont gectees
hors des villes et arriere des gens. Tout ain
si sont les faulx et mauluais chrestiens q̄ sans
auoir selon leur pouoir purge et laue leur ame
par saincte et pure confession en contricion de
cueur/presument receuoir la saincte manne ce
lestielle le doulx et precieux corps de iesuchrist
sont apres plus ors / plus detestables et plus
puans que par auant. Et sont mys et gectez
hors de lamour de dieu et sont en voye de dam
nacion/dont dieu vueille garder chascun vray
chrestien. Amen. Finis.

www.ingramcontent.com/pod-product-compliance
Ingram Content Group UK Ltd.
Pitfield, Milton Keynes, MK11 3LW, UK
UKHW031956260826
14628UKWH00005B/2081

9 782013 064736